MW01093764

Para: _____

De: _____

TÍTULO ORIGINAL: *Life's little instruction book*
TRADUCCIÓN: Lidia María Riba
EDICIÓN: Lidia María Riba
DIRECCIÓN DE ARTE: Trini Vergara – Paula Fernández
DISEÑO: Tomás Caramella y Jonathan Meltzer | ESTUDIO ARME

ARGENTINA: Demaría 4412, Buenos Aires (C1425AEB)
TEL./FAX: (54-11) 4778-9444 y rotativas
E-MAIL: editoras@libroregalo.com

MÉXICO: Av. Tamaulipas 145, Colonia Hipódromo Condesa,
(C.P. 06170) Delegación Cuauhtémoc, México D. F.
TEL./FAX: (5255) 5220-6620/6621 • 01800-543-4995
E-MAIL: editoras@vergarariba.com.mx

ISBN: 978-987-612-208-5
Impreso en China • Printed in China

Brown Jr., H. Jackson
    Pequeño libro de instrucciones para la vida . - 1a ed.
- Ciudad Autónoma de Buenos Aires : V&R, 2009.
    208 p. ; 17x13 cm.

    Traducido por: Lidia María Riba
    ISBN 978-987-612-208-5

    1. Libro de Frases. I. Lidia María Riba, trad. II. Título
CDD 808.8

PEQUEÑO LIBRO
DE INSTRUCCIONES
PARA LA VIDA

H. Jackson Brown, Jr.

Este libro nació como un regalo para Adam, mi hijo. Mientras él empacaba todo lo que necesitaba para emprender su vida como universitario, escribí algunos pensamientos y consejos que consideré que podrían serle útiles en esa nueva etapa.

Había leído que la responsabilidad de un padre no consiste en allanar el camino a sus hijos, sino en proporcionarles un mapa de viaje. Así esperaba que él considerara esas reflexiones de la mente y del corazón.

Cuando comencé a escribir comprendí que lo que creía que me tomaría sólo algunas horas, requeriría en verdad varios días de trabajo. Una vez que las terminé, guardé mis notas en una carpeta.

Cuando ya estuvo todo listo para su partida, le entregué la carpeta, diciéndole que allí había reunido lo que sabía sobre cómo vivir una vida feliz y gratificante. Él me abrazó. Fue un momento muy especial.

Bien, de alguna manera, aquellas hojas se han convertido en este *pequeño libro de instrucciones para la vida*.

Probablemente no coincidas con todas mis afirmaciones y seguramente, gracias a tu experiencia de vida, podrías agregar cientos de reflexiones más. Por supuesto, entre las que escribí, algunas son más importantes que otras, pero todas han aportado algún grado de alegría, significado y eficacia a mis días.

Poco tiempo después de haberle entregado la carpeta, Adam me llamó. "He leído tus instrucciones para la vida y creo que son uno de los mejores regalos que he recibido. Iré agregando otras y, algún día, se las entregaré a mi hijo". De vez en cuando la vida nos ofrece un momento tan precioso, tan reconfortante, que nos hace brillar. Lo sé. En aquel momento experimenté uno de ellos.

H. Jackson Brown, Jr.

Para Adam, mi hijo
y, en muchas formas,
mi maestro.

Hijo, ¿cómo puedo ayudarte a ver?
¿Puedo darte mis hombros
para que te pares en ellos?
Ahora ves más lejos que yo.
Ahora ves por nosotros dos.
¿Me cuentas qué ves?

1

Elogia a tres personas cada día.

2

Ten un perro.

3

Contempla el amanecer al menos una vez por año.

4

Recuerda los cumpleaños de los demás.

5

Deja más propina de la habitual a quien te ha servido una buena comida.

6

Saluda con un firme apretón de manos.

7

Mira a los ojos a las personas.

8

Di muchas veces "*gracias*".

9

Di muchas veces "*por favor*".

10

Aprende a tocar un instrumento musical.

11

Canta mientras te bañas.

12

Usa tu vajilla buena.

13

Aprende a cocinar
una buena salsa.

14

Planta flores cada primavera.

15

Compra un buen
equipo de música.

16

Sé el primero en decir "*Hola*".

17

Gasta menos de lo que tengas.

18

Maneja automóviles económicos, pero vive en la mejor casa que puedas pagar.

19

Compra buenos libros, aunque creas que no los leerás nunca.

20

Perdónate a ti mismo y, también, a los demás.

21

Memoriza tres chistes tontos.

22

Conserva limpio tu calzado.

23

Usa hilo dental.

24

Bebe champaña sin ningún motivo en especial.

25

Pide un aumento cuando sientas que lo mereces.

26

Si te ves envuelto en una pelea, pega primero y pega fuerte.

27

Regresa a su dueño todo
lo que pidas prestado.

28

Enseña algo.

29

Sé estudiante de algo.

30

No vivas en una casa
que no sea acogedora.

31

Cuando veas chicos
que venden cosas en la puerta
de sus casas, cómprales algunas.

32

Una vez en tu vida,
cómprate un convertible.

33

Trata a los demás como
quieres que te traten a ti.

34

Aprende a reconocer la música
de Chopin, Mozart y Beethoven.

35

Planta un árbol
en tu cumpleaños.

36

Dona sangre una vez por año.

37

Haz nuevos amigos,
pero atesora a los antiguos.

38

Guarda los secretos.

39

Toma muchas fotografías.

40

Nunca rechaces un postre
hecho por quien te lo ofrece.

41

No pospongas la alegría.

42

Agradece en seguida
a quienes te hayan ayudado.

43

Nunca te rindas
con respecto a nadie.
Los milagros ocurren
todos los días.

44

Respeta a los maestros.

45

Respeta a los oficiales de policía y a los bomberos: se juegan la vida por los demás.

46

Respeta a quienes trabajan para ti.

47

No pierdas tiempo aprendiendo las "mañas del oficio". Dedícalo a aprender el oficio.

48

Controla tu temperamento.

49

En la ruta, compra productos que los pequeños productores anuncian con letreros escritos a mano.

50

Cierra el tubo de la pasta dental.

51

Colabora antes de que te pidan ayuda.

52

Evita sobreexponerte al sol.

53

Vota según tu conciencia.

54

Sorprende a tus seres queridos
con pequeños obsequios inesperados.

55

No culpes a los demás.
Asume la responsabilidad
de cada área de tu vida.

56

No digas que estás a dieta.

57

Aprende de los
momentos difíciles.

58

Estrecha siempre
una mano tendida.

59

Vive de tal manera que,
cuando tus hijos piensen
en justicia, cariño e integridad,
piensen en ti.

60

Admite tus errores.

61

Pide a alguien que recoja tu correo y tu periódico cuando viajes. Son las dos cosas que miran los potenciales ladrones.

62

Usa tu ingenio para divertir,
no para reírte de los demás.

63

Recuerda que todas
las noticias son parciales.

64

Toma un curso de fotografía.

65

Cede tu lugar en la fila
a quien tenga más prisa que tú.

66

Colabora con algún
proyecto juvenil.

67

Si exiges excelencia, debes estar
dispuesto a pagar por ella.

68

Sé valiente. Aunque no lo seas, trata de parecerlo. Nadie notará la diferencia.

69

Aprende a silbar.

70

Abraza a tus hijos después
de haberlos reprendido.

71

Aprende a hacer algo hermoso
con tus propias manos.

72

Dona las prendas
que ya no utilices.

73

Nunca olvides tu aniversario.

74

Come ciruelas.

75

Pasea en bicicleta.

76

Elige una obra solidaria
de tu comunidad y colabora
generosamente con ella,
con tu tiempo y tu dinero.

77

No des por garantizada
tu buena salud.

78

Cuando una persona quiera
contratarte, habla con ella,
incluso si se trata de un trabajo
en el que no tienes demasiado
interés. Nunca cierres la puerta
a una oportunidad antes
de haber escuchado la oferta
personalmente.

79

No te involucres con drogas y no te relaciones con quienes lo hacen.

80

Baila lentos.

81

Evita los sarcasmos.

82

Aléjate lo más posible
de los restaurantes con
músicos que se pasean
por las mesas.

83

Tanto en los negocios como en
las relaciones familiares, recuerda
que lo más importante es la confianza.

84

No estés pendiente
de la opinión de los demás.

85

Nunca aconsejes
a alguien que estudie
una carrera que no le guste.

86

No fumes.

87

Aun si tienes una excelente
posición económica, alienta
a tus hijos a ahorrar.

88

Aun si tienes una excelente
posición económica, alienta a tus
hijos a pagar parte de sus estudios.

89

Recicla los periódicos,
las botellas y las latas.

90

Vuelve a poner agua en los
recipientes de cubos de hielo.

91

No permitas que te vean
eufórico por el alcohol.

92

Nunca inviertas más dinero
del que puedas permitirte perder.

93

Elige con mucho cuidado a quien
te acompañe en la vida. Desde esta
única decisión provendrá el 90%
de tu felicidad o de tu tristeza.

94

Hazte el hábito de realizar buenas acciones por personas que nunca lo sabrán.

95

Reencuéntrate con tus compañeros de colegio.

96

P resta sólo aquellos libros
que no te importe volver a ver.

97

T en siempre a la vista algo bello,
aunque sea una margarita en un vaso.

98

A prende a escribir en el teclado
con más de dos dedos.

99

Busca las grandes ideas,
pero disfruta de los
pequeños placeres.

100

Lee la Declaración
de los Derechos del Hombre
y del Ciudadano.

101

Aprende a leer
un informe contable.

102

Diles a tus hijos
lo maravillosos
que son y cuánto
confías en ellos.

103

Usa la tarjeta de crédito sólo
por comodidad, nunca como
un sistema de préstamo.

104

Camina, con paso enérgico, treinta minutos por día.

105

Regálate un masaje el día de tu cumpleaños.

106

No hagas trampa.

107

Sonríe. No cuesta
nada y no tiene precio.

108

Cuando comas con
clientes o colegas, nunca
pidas más de un cóctel
o de una copa de vino.
Si nadie más bebe,
no lo hagas tú tampoco.

109

Aprende a manejarte
en situaciones que te
hagan salir de tu rutina.

110

Alguna vez, tarde en la noche,
permítete comer un dulce.

111

No seas irreverente
con los símbolos religiosos.

112

Nunca discutas con un
policía y llámalo "oficial".

113

Identifica las flores, los pájaros
y los árboles de tu entorno.

114

Aprende a utilizar
los extintores de fuego.

115

Date un año para leer, desde
el principio hasta el final,
la Biblia o el libro sagrado
de la religión que profeses.

116

Escribe como un legado de vida.

117

Instala cerrojos de alta seguridad en la puerta de tu casa.

118

No compres vino, equipaje ni relojes costosos.

119

Alguna mañana invernal, bebe una taza de chocolate caliente.

120

Aprende técnicas
de primeros auxilios.

121

Resístete a la tentación
de comprar un barco.

122

Deténte y lee las referencias
históricas de las señales del camino.

123

Aprende a escuchar.
La oportunidad, a veces,
toca muy suavemente.

124

Aprende a cambiar una llanta.

125

Aprende a hacer
un buen nudo de corbata.

126

Respeta la privacidad
de tus hijos. Golpea antes de
entrar a sus habitaciones.

127

Usa ropa interior audaz, incluso
bajo el más formal atuendo de oficina.

128

Recuerda los nombres de las personas.

129

Preséntate al gerente del
banco donde tienes tu cuenta.
Es importante que él o ella
te conozcan personalmente.

130

Baja siempre el asiento
del sanitario.

131

Aprende acerca
de la geografía de tu país.

132

Alguna vez, sé un turista
en tu propia ciudad.

133

Cuando alguien esté relatando una experiencia importante, no trates de superarlo contando una anécdota tuya. Déjalo ser protagonista.

134

No compres herramientas baratas.

135

Si tienes los dientes torcidos, hazles ortodoncia, sin importar tu edad.

136

Blanquea tus dientes
si están manchados.

137

Adelanta cinco minutos tu reloj.

138

Aprende otro idioma.

139

Nunca prives a alguien de la esperanza; puede ser lo único que posea.

140

Cuando emprendas un proyecto,
no te preocupes por no tener suficiente
dinero. Los fondos limitados son una
bendición, no un impedimento; nada
estimula más el pensamiento creativo.

141

Concédete una hora para
tranquilizarte antes de responder
a alguien que te ofendió o te lastimó.
Si se trata de algo realmente grave,
concédete al menos una noche.

142

Paga tus cuentas con puntualidad.

143

Practica algún deporte;
si es grupal, mejor.

144

Alguna vez, juega bowling.

145

Guarda una linterna y pilas
de repuesto cerca de tu cama
y en la guantera de tu automóvil.

146

Cuando juegues con niños, déjalos ganar.

147

Apaga el televisor
a la hora de las comidas.

148

Aprende defensa personal.

149

Saltéate una comida por semana
y entrega a alguien sin hogar
lo que hubieras gastado.

150

Canta en un coro.

151

Consigue un buen abogado,
un buen contador y un buen fontanero.

152

Celebra las fiestas populares.

153

Ponte de pie cuando cantes
el himno de tu país.

154

Resiste la tentación de grabar
un mensaje gracioso en
tu contestador telefónico.

155

Redacta tu testamento
y dile a tu pariente más
cercano dónde lo guardas.

156

Busca la excelencia,
no la perfección.

157

Tómate tiempo para sentir
el perfume de las rosas.

158

No reces para obtener
cosas, sino sabiduría y coraje.

159

Ten la mente firme,
pero el corazón tierno.

160

Usa el cinturón de seguridad.

161

Hazte regularmente controles
médicos y odontológicos.

162

Mantén ordenados tu escritorio
y el área donde trabajas.

163

Haz alguna vez un viaje
nocturno en tren.

164

Sé puntual e insiste
en que los otros lo sean.

165

No pierdas tiempo
respondiendo a tus críticos.

166

Evita a las personas negativas.

167

No escatimes
el dinero pensando
en dejárselo a tus hijos.

168

Evita decir a los demás cómo
debería hacerse algo. En cambio,
diles *qué* necesita ser hecho.
A menudo te sorprenderán
con soluciones creativas.

169

Sé original.

170

Sé pulcro.

171

Nunca renuncies a lo que realmente quieres hacer. La persona con grandes sueños es más poderosa que aquella que lo ha logrado todo.

172

Cuestiona a los políticos.

173

Sé más amable
que lo necesario.

174

Alienta a tus hijos a que tengan un trabajo de medio tiempo, después de los dieciséis años.

175

Concede una segunda oportunidad a los demás, pero no una tercera.

176

Lee cuidadosamente todo lo que requiera tu firma. Recuerda que la letra grande da y la pequeña quita.

177

No actúes cuando estás molesto.

178

Aprende a reconocer a las personas inconsecuentes; luego, ignóralas.

179

Sé el mejor amigo de tu pareja.

180

Combate la discriminación
y los prejuicios donde los encuentres.

181

Usa las cosas, no dejes
que se deterioren o se oxiden.

182

Sé romántico.

183

Deja que las personas conozcan
cuáles son tus ideales y cuáles no.

184

No renuncies a tu empleo
hasta que tengas otro en vista.

185

No critiques a quienes te pagan
el sueldo. Si no estás contento
con tu trabajo, renuncia.

186

Sé insaciablemente curioso.
Pregunta muchas veces "¿por qué?".

187

Mide a las personas por el
tamaño de su corazón y no
por el de su cuenta bancaria.

188

Transfórmate en la persona más positiva y entusiasta que conozcas.

189

Aprende a reparar un sanitario
o un grifo que gotea.

190

Ten una buena postura. Entra
a una habitación con determinación
y confianza.

191

No te preocupes por no poder dar a tus hijos lo mejor de todo. Dales lo mejor que *tú* puedas.

192

Bebe leche descremada.

193

Usa menos sal.

194

Come menos carne roja.

195

Juzga la calidad de un vecindario por el comportamiento de quienes viven allí.

196

Da la bienvenida a tus nuevos vecinos.

197

No olvides que la necesidad emocional más grande de las personas es sentirse apreciadas.

198

Deposita unas monedas en el parquímetro vacío de un extraño.

199

Tómate tiempo para ir caminando a los lugares cercanos.

200

No mires programas de televisión violentos ni compres los productos que hacen publicidad en ellos.

201

No guardes rencor.

202

Respeta a todos los seres vivos.

203

Cuando alguien te preste su automóvil, regrésalo con el tanque de gasolina lleno.

204

Elige un trabajo que armonice con tus valores.

205

No te preocupes. Relájate.
Exceptuando algunos pocos
asuntos de vida o muerte,
nada es tan importante
como parece al principio.

206

Da siempre lo mejor de ti a tus
empleadores. Es una de las inversiones
más importantes que puedes hacer.

207

Colúmpiate en una cerca.

208

Asiste a exposiciones artísticas escolares y compra algo siempre.

209

Respeta los límites de velocidad.

210

Comprométete
contigo mismo
a superarte siempre.

211

Adiestra a tu perro.
Los dos aprenderán mucho.

212

No permitas que el teléfono
interrumpa momentos importantes.
Está para tu comodidad, no para
la de quienes te llaman.

213

No pierdas el tiempo reprochándote errores del pasado; aprende de ellos y sigue adelante.

214

Cuando recibes un cumplido, la mejor respuesta es siempre un sincero "gracias".

215

No hagas planes muy largos
para una cita a ciegas. Un almuerzo
es la opción perfecta: si las cosas
no funcionan, ambos habrán perdido
sólo una hora.

216

No discutas de negocios
en elevadores. Nunca sabes
quién puede escucharte.

217

Sé un buen perdedor.

218

Sé un buen ganador.

219

No vayas al mercado
cuando tengas hambre.
Comprarás demasiado.

220

Pierde menos tiempo preocupándote por *quién* está en lo correcto y más tiempo decidiendo *qué* es correcto.

221

No magnifiques
las pequeñas cosas.

222

Piensa dos veces antes de cargar a un amigo con un secreto.

223

Elogia en público.

224

Critica en privado.

225

Nunca digas a alguien
que parece triste o deprimido.

226

Cuando alguien te abrace, deja
que sea el primero en soltarse.

227

Resístete a dar consejos sobre
matrimonio, finanzas o cortes de pelo.

228

Ten buenos modales.

229

Nunca pagues un trabajo
hasta que esté terminado.

230

Comparte tiempo con tus amigos.

231

Lleva un diario.

232

Cumple con tus promesas.

233

Evita las instituciones que prometen algo y demuestran lo contrario.

234

Enseña a tus hijos el valor
del dinero y la importancia del ahorro.

235

Debes estar dispuesto a perder
una batalla para ganar una guerra.

236

No te dejes engañar
por las primeras impresiones.

237

Busca lo positivo de cada persona.

238

No alientes la descortesía
o el mal servicio dejando la propina
acostumbrada.

239

En Navidad, vuelve a ver
el filme "Qué bello es vivir"
con James Stewart y Donna Reed.

240

Bebe ocho vasos de agua por día.

241

Respeta las tradiciones.

242

Sé cauteloso antes de prestar dinero a un amigo. Podrías perder ambos.

243

No pierdas las oportunidades de decir a tus buenos empleados lo mucho que significan para la empresa.

244

Compra un bebedero para aves y colócalo de forma que puedas verlo desde una ventana de tu casa.

245

Nunca cortes
lo que puedas desatar.

246

Saluda a los niños que van en los autobuses escolares.

247

Pregúntales a tus padres cómo se conocieron y cómo fueron sus primeros años juntos.

248

Respeta el tiempo de los demás. Si estás llegando a una cita más de diez minutos tarde, llama para avisar.

249

Contrata a personas
más inteligentes que tú.

250

Aprende a demostrar alegría,
aunque no estés de buen humor.

251

Aprende a demostrar entusiasmo,
aunque no lo sientas.

252

Cuida a los que amas.

253

Sé modesto. Muchas cosas fueron logradas antes de que nacieras.

254

Mantén las cosas simples.

255

Compra algunas cosas en esa tienda abierta 24 horas de tu vecindario. Algún día podrías necesitarla.

256

Sé un peatón prudente.

257

No pidas consejos de negocios a un contador o a un abogado; están entrenados para encontrar problemas, no soluciones.

258

Cuando conozcas a alguien,
no le preguntes a qué se dedica
en el primer encuentro. Disfruta
de su compañía sin clasificarlo.

259

Evita cualquier juicio
como una plaga.

260

Demuestra todos los días a tu familia cuánto la quieres, con tus palabras, gestos y pensamientos.

261

Toma unos días de vacaciones familiares, aunque tengas que esforzarte luego para poder pagarlas. Los recuerdos serán invaluables.

262

No difundas rumores sobre los demás.

263

No hables de salarios.

264

No seas fastidioso.

265

No apuestes.

266

Cuídate de la persona
que no tenga nada que perder.

267

Recuéstate y mira las estrellas.

268

No dejes puestas
las llaves del auto.

269

N o te quejes.

270

L lega temprano a trabajar y quédate un poco después de la hora de salida.

271

C uando enfrentes un desafío, actúa como si fuera imposible fallar. Si vas detrás de Moby Dick, lleva el condimento para pescado.

272

Cambia los filtros del aire
acondicionado cada tres meses.

273

Recuerda que el éxito logrado
de la noche a la mañana, generalmente
tomó cerca de quince años.

274

Deja todo un poco
mejor de lo que lo
encontraste.

275

Cuando veas en el periódico notas acerca de personas que conoces, envíaselas junto con una felicitación.

276

En ocasiones, compra en los comercios locales, aunque te cueste un poco más.

277

Recarga el tanque de gasolina antes de que quede sólo un cuarto en el depósito.

278

No esperes que el dinero te traiga felicidad.

279

No uses tus dedos para llamar a alguien. Es descortés.

280

Sin importar lo grave
que sea una situación,
mantén la serenidad.

281

Pide un descuento cuando
pagues en efectivo.

282

En la medida de tus
posibilidades, vístete bien.

283

No utilices el palillo
de dientes en público.

284

Nunca subestimes tu poder
de cambiarte a ti mismo.

285

Nunca sobreestimes tu poder
de cambiar a otros.

286

Practica la empatía. Trata de ver las cosas desde el punto de vista de los demás.

287

Promete en grande. Cumple en grande.

288

Adquiere la disciplina del ahorro. Es esencial para el éxito.

289

Mantente en forma.

290

No ataques a animales indefensos.

291

No olvides que un trato
no está hecho hasta que el banco
acepte el cheque.

292

No quemes puentes. Te sorprenderá ver cuántas veces tendrás que atravesar el mismo río.

293

No te comprometas a más de lo que puedes hacer. Aprende a decir *no* de manera rápida y amable.

294

Mantén tus gastos bajos.

295

Mantén tus expectativas altas.

296

Acepta el dolor y la desilusión como parte de la vida.

297

Recuerda que un matrimonio feliz depende de dos cosas: 1) encontrar a la persona adecuada y 2) ser la persona adecuada.

298

Ve los problemas como
oportunidades para tu desarrollo
y autocontrol.

299

No siempre creas a las personas cuando
te pidan que seas sincero con ellas.

300

No esperes que la vida sea justa.

301

Conviértete en un experto
en administración del tiempo.

302

Cierra tu auto incluso cuando
lo estaciones en tu propia casa.

303

No te vayas a dormir dejando los
platos sucios para la mañana siguiente.

304

Juzga tu éxito
por el grado en que
disfrutas de la paz,
la salud y el amor.

305

Aprende a usar un serrucho
y un martillo.

306

Duerme una siesta los domingos
por la tarde.

307

Elogia la comida cuando te invitan
a una casa.

308

Haz tu cama cuando seas
un huésped en casa de alguien.

309

Destina parte de tus ingresos a alguna
obra de caridad.

310

No te saques el anillo cuando
te laves las manos.

311

No pierdas tiempo jugando
a las cartas.

312

Cuando pienses en criticar
a tus padres, a tu pareja o a tus hijos,
muérdete la lengua.

313

Nunca subestimes el poder de amar.

314

Nunca subestimes
el poder de perdonar.

315

No aburras a los demás con
tus problemas. Cuando alguien
te pregunte cómo estás, di "Mejor
que nunca". Cuando te pregunten
por tu negocio, responde "Excelente".

316

Aprende a discrepar,
sin ser desagradable.

317

Sé cuidadoso. Nunca lastimes
a otro a propósito.

318

Escucha las dos versiones antes de juzgar.

319

Aléjate de la envidia,
sólo te traerá infelicidad.

320

Sé amable con todos.

321

Saluda a quienes hacen una tarea
solidaria en las calles.

322

No digas que no tienes tiempo. Posees exactamente el mismo número de horas por día que tuvieron Hellen Keller, Pasteur, Miguel Ángel, la Madre Teresa, Leonardo da Vinci y Albert Einstein.

323

Cuando no puedas hacer todo lo que te habías propuesto cumple, al menos, con algo.

324

No demores en poner en práctica
una buena idea. Existe la posibilidad
de que se le haya ocurrido a otra persona.
El éxito será de quien actúe primero.

325

Cuídate de las personas
que te dicen lo honestas que son.

326

Recuerda que los ganadores hacen
lo que los perdedores no quieren hacer.

327

Cuando llegues a tu trabajo
en la mañana, que lo primero
que digas ilumine el día
de tus compañeros.

328

Busca la oportunidad, no
la seguridad. Un barco anclado
en el puerto está seguro, pero
con el tiempo, se le dañará el fondo.

329

Enseña a tus hijos cómo actuar ante una emergencia.

330

Revive viejas amistades.

331

Cuando viajes, pon tu nombre, los números de teléfono de tu casa y del hotel donde te hospedarás en el equipaje.

332

Vive tu vida como
una exclamación,
no como una explicación.

333

En lugar de decir las palabras
"si sólo…", sustitúyelas por
"la próxima vez…".

334

En lugar de utilizar la palabra
"problema", sustitúyela por
"oportunidad".

335

De vez en cuando prueba
tu suerte.

336

Que tu próxima mascota provenga de un albergue de animales.

337

Vuelve a leer tu libro favorito.

338

Vive de tal forma que tu epitafio pueda decir "No tuvo remordimientos".

339

No te vayas durante una discusión con tu pareja.

340

No creas que un precio alto es siempre sinónimo de buena calidad.

341

No te engañes. Si algo suena demasiado bueno para ser cierto, probablemente no lo sea.

342

Renta el automóvil
de tus sueños por un día.

343

Cuando vayas a adquirir algo
que crees que usarás durante
años, compra lo mejor que
puedas costear.

344

Consume sólo medicamentos recetados.

345

Prueba lo que ofrecen los expositores en los supermercados.

346

Sé atrevido y tenaz. Cuando mires tu vida retrospectivamente, lamentarás más lo que no hiciste, que lo que realizaste.

Nunca desperdicies
una oportunidad
de decir "Te amo".

348

Ten en casa un buen diccionario.

349

Ten una buena enciclopedia.

350

Recuerda las tres cosas más importantes cuando compres una vivienda: ubicación, ubicación y ubicación.

351

Guarda los papeles importantes
en una caja de seguridad de un banco.

352

Asiste a alguna celebración
popular en un pequeño pueblo.

353

Revisa tus fotografías antiguas.
Selecciona diez y colócalas
en los anaqueles de la cocina.
Renuévalas cada mes.

354

Para explicar una ruptura amorosa,
di sólo: "Fue mi culpa".

355

Evalúate bajo tus propias
expectativas, no las de los demás.

356

Permanece junto a quienes
te necesiten.

357

Haz valer tus derechos exigiendo a tus representantes en el gobierno.

358

Sé decidido, incluso si a veces te equivocas por ello.

359

No permitas que te desalienten cuando estés convencido de que algo es una buena idea.

360

Prepárate para perder
de vez en cuando.

361

Nunca comas la última porción
sin ofrecerla antes a los demás.

362

Date cuenta de cuándo
es momento de callar.

363

Date cuenta de cuándo
es momento de hablar.

364

Busca todos los días una pequeña
forma de mejorar tu relación de pareja.

365

Busca todos los días una pequeña
forma de mejorar tu trabajo.

366

Lávate las manos
con frecuencia.

367

Obtén las cosas a la manera antigua:
ahorra y págalas al contado.

368

Recuerda que nadie logra el éxito solo. Ten un corazón agradecido y reconoce rápidamente a quienes te ayudaron.

369

Lee buenos libros acerca de liderazgo.

370

Haz negocios con quienes hacen negocios contigo.

371

Sólo por saber qué se siente, no critiques nada ni a nadie durante las próximas veinticuatro horas.

372

Brinda a tus clientes lo mejor de ti.

373

Deja que tus hijos te escuchen decir cosas buenas de ellos a otros adultos.

374

Trabaja mucho para crear en tus hijos la seguridad de su autoestima. Es lo más importante que puedes hacer para asegurarles el éxito.

375

Toma control de tus actitudes.
No permitas que nadie elija por ti.

376

Destina una tarde a la semana
sólo para tu pareja y para ti.

377

Lleva siempre algunos repuestos
indispensables en tu auto.

378

Pide por escrito todos los presupuestos de reparación.

379

Olvida los comités. Muchas ideas nuevas, nobles y transformadoras del mundo surgen de una sola persona.

380

Presta atención a los detalles.

381

Sé emprendedor.

382

Sé leal.

383

Comprende que la felicidad
no se basa en las posesiones, el poder
o el prestigio, sino en las relaciones
con las personas que amas y respetas.

384

Nunca regales a quien amas algo que le sugiera que necesita mejorar.

385

Elogia hasta los progresos más pequeños.

386

No dejes correr el agua mientras te cepillas los dientes.

387

Aprovecha a comprar ropa
de excelente calidad cuando
está barata.

388

Cuando no sepas de qué color pintar
una habitación, elige el clásico blanco.

389

Sorprende a un amigo o a quien amas
con una pequeña atención.

390

Los músicos callejeros son un tesoro.
Dedica un momento a escucharlos.
Después, déjales un donativo.

391

Apoya que se pague lo mismo a
quienes desempeñen el mismo trabajo.

392

Si has salido en grupo, paga la parte
que te corresponde.

393

Aprende a utilizar las nuevas tecnologías.

394

Si tienes una enfermedad seria, busca la opinión de un mínimo de tres médicos.

395

Consérvate siempre abierto, flexible, curioso.

396

No elijas un regalo pensando en ti, sino en quien lo recibirá.

397

No tengas un solo gato. Dos son mucho más divertidos y no implican más trabajo.

398

Comienza tus juntas de trabajo puntualmente, aun cuando alguien todavía no haya llegado.

399

Concéntrate en hacer
cosas mejores,
no más grandes.

400

No frecuentes dudosos clubes nocturnos.

401

Nunca veas cómo se elaboran las salchichas y los chorizos.

402

Comienza cada día con tu música favorita.

403

Recorre el centro de tu ciudad
un sábado por la noche.

404

Cuando asistas a una clase,
siéntate al frente.

405

No te dejes intimidar por médicos
o enfermeras. Aun si estás en un
hospital, sigue siendo tu cuerpo.

406

Si has estado internado en un centro
médico, revisa con cuidado las facturas.
Pueden tener un gran porcentaje
de error, en favor del centro.

407

De vez en cuando, elige el camino
panorámico.

408

No dejes que tus posesiones te posean.

409

Libra una guerra contra la basura.

410

Envía muchos mensajes o tarjetas en el Día de la Amistad. Fírmalas como *"alguien que piensa que eres increíble"*.

411

Si tienes un hogar,
corta tu propia leña.

412

Cuando discutas con tu pareja,
independientemente de quién
esté equivocado, pide perdón
por haber disgustado al otro. Estas
son sanadoras, mágicas palabras.

413

No hagas alarde de tu éxito,
pero tampoco pidas disculpas por él.

414

Si recibes un servicio, comida
o producto de mala calidad, repórtalo
a quien esté a cargo. Los buenos
administradores lo apreciarán.

415

Alégrate por el éxito ajeno.

416

No postergues las cosas. Haz lo que debe ser hecho cuando deba ser hecho.

417

Léeles a tus hijos.

418

Cántales a tus hijos.

419

Escucha a tus hijos.

420

Define bien tus prioridades. Nadie ha dicho en su lecho de muerte: *"¡Si tan sólo hubiera pasado más tiempo en mi trabajo!"*.

421

Cuida tu reputación.
Es el activo más valioso
que posees.

422

Enciende los faros de tu automóvil en cuanto empiece a llover.

423

No conduzcas tu automóvil muy cerca del de adelante.

424

Sé donante de órganos. Déjalo por escrito y comunícaselo a tus familiares y amigos.

425

No te autocompadezcas. Cuando te sientas así, haz algo bueno por alguien menos afortunado que tú.

426

Comparte el crédito de lo realizado en equipo.

427

No aceptes lo "suficientemente bueno" como bueno.

428

Haz más de lo que se espera de ti.

429

Renueva tu fe en las generaciones jóvenes.

430

Elige un doctor de tu edad para que puedan envejecer juntos.

431

En una emergencia, usa agua mineral para sacar las manchas.

432

Mejora tu desempeño mejorando tu actitud.

433

Ten un amigo que tenga un camión.

434

Cuando mires una película
en tu casa, haz palomitas de maíz.

435

Escribe un listado de las veinticinco
cosas que quieres hacer antes de morir.
Llévala contigo y consúltala a menudo.

436

Adquiere conocimientos básicos sobre, al menos, tres religiones, además de la tuya.

437

Contesta el teléfono con voz enérgica y entusiasta.

438

Todas las personas que conoces saben algo que tú no; aprende de ellas.

439

Graba la risa de tus padres.

440

Compra automóviles seguros.

441

Cuando te encuentres con alguien a quien no conozcas bien, dile tu nombre mientras lo saludas. No supongas que debería recordarlo si se vieron antes.

442

Hazlo bien la primera vez.

443

Ríe mucho. Un buen sentido
del humor cura casi todas
las enfermedades de la vida.

444

Nunca subestimes
el poder de una palabra
o de un gesto amable.

445

No reduzcas la propina
a un camarero porque la comida
no te gustó; él no la cocinó.

446

Cambia el aceite y los filtros de tu
automóvil cada cinco mil kilómetros,
más allá de lo que indique el manual.

447

Asegúrate de que tu familia
sepa cómo actuar en caso
de un incendio en tu casa.

448

No tengas miedo de decir
"No sé".

449

No tengas miedo de decir
"Me equivoqué".

450

No tengas miedo de decir
"Necesito ayuda".

451

No tengas miedo de decir
"Perdóname".

452

Nunca pongas en juego
tu integridad.

453

Ten lápiz y papel en tu mesa de noche. Las ideas millonarias a veces surgen a las 3 A.M.

454

Respeta a todos los que trabajan para vivir, por más trivial que pueda parecer su empleo.

455

Lee completo el periódico del domingo.

456

Envíale flores a quien amas. Ya pensarás después en el motivo.

457

Asiste a las competencias deportivas, actos escolares, obras de teatro y recitales de tus hijos.

458

Cuando encuentres un trabajo ideal, tómalo sin importar lo que te paguen. Si tienes lo necesario, tu salario mejorará pronto.

459

No uses sin cuidado el tiempo o la palabra. No son recuperables.

460

Busca oportunidades para hacer que los demás se sientan importantes.

461

Organízate. Si no sabes cómo hacerlo, existen excelentes libros que te ayudarán.

462

Cuando un niño se cae
y se raspa el codo o la rodilla,
muéstrate preocupado; luego
tómate el tiempo para decirle
alguna de las clásicas frases
infantiles para sanar.

463

Permanece abierto
a las nuevas ideas.

464

No pierdas la magia de un momento por concentrarte en lo que sucederá inmediatamente después.

465

Si hablas con la prensa, recuerda que ellos siempre tienen la última palabra.

466

Establece metas a corto y largo plazo.

467

Cuando planees un viaje,
infórmate previamente sobre
los lugares que vayas a visitar.

468

No hagas llover sobre el desfile
del otro.

469

Ponte de pie para saludar a alguien
que llega a tu lugar de trabajo.

470

No interrumpas.

471

Antes de ir a buscar a
alguien al aeropuerto, llama
a la aerolínea para asegurarte
de que el vuelo esté en horario.

472

Disfruta la miel artesanal.

473

No te precipites cuando debas tomar una decisión importante. Las personas comprenderán si les dices: "*Quisiera tener un poco más de tiempo para pensarlo. ¿Podemos volver a hablar mañana?*"

474

Mantente preparado. No tendrás una segunda oportunidad para causar una buena primera impresión.

475

No esperes que otros escuchen tus consejos e ignoren tu ejemplo.

476

Ve hasta el final. Cuando aceptes una tarea, conclúyela.

477

Agradece antes de cada comida.

478

No quieras controlar las vidas de los otros.

479

Responde con rapidez cuando recibes una invitación formal.

480

Lleva a un niño al zoológico.

481

Los grandes problemas
disfrazan grandes
oportunidades. No les temas.

482

Acostúmbrate a dejar
las llaves siempre en el mismo
lugar cuando llegues a tu casa.

483

Aprende un truco de magia con cartas.

484

Aléjate de los restaurantes giratorios.

485

Concede a los demás
el beneficio de la duda.

486

No digas en tu trabajo que estás
cansado, molesto o aburrido.

487

Levántate treinta minutos más temprano todos los días. Hazlo durante un año y agregarás siete días y medio a tu vida en vigilia.

488

Alégrale el día a alguien con alguna pequeña buena acción.

489

No cometas dos veces el mismo error.

490

No manejes con las llantas lisas.

491

Esconde una llave adicional en algún lugar de tu auto para usarla en caso de emergencia.

492

No derroches la energía.

493

Trata de ahorrar el diez por ciento de lo que ganes.

494

Nunca discutas por dinero con alguien que tenga mucho más o mucho menos que tú.

495

No compres un automóvil de color muy claro.

496

No compres algo que no necesitas sólo porque está en oferta.

497

No te involucres en huelgas.

498

Cuestiona tus objetivos preguntándote si te ayudarán a ser una mejor persona.

499

Ama a tus hijos por lo que son,
no por lo que quisieras que fueran.

500

Cuando negocies tu salario
piensa en lo que quieres
y pide un diez por ciento más.

501

Para lograr tus objetivos
procura tener varias redes tendidas.

502

Después de haber trabajado mucho
para obtener lo que deseas, tómate
un tiempo para disfrutarlo.

503

Permanece alerta a las
oportunidades para demostrar
aprecio y reconocimiento.

504

Comprométete con la calidad.

505

Sé un líder. Recuerda que el perro que encabeza el trineo es el único que disfruta del paisaje.

506

Nunca subestimes el poder de las palabras para sanar y mejorar las relaciones.

507

Procura tener pensamientos siempre positivos y constructivos.

508

Conviértete en el héroe de alguien.

509

Cásate sólo por amor.

510

Lleva la cuenta de las bendiciones que has recibido.

511

Llama por teléfono a tu madre.

¡Tu opinión es importante!

Escríbenos un e-mail a miopinion@libroregalo.com
con el título de este libro en el "Asunto".

www.libroregalo.com